BIOMAS DONDE YO VIVO

VIVO CERCA DE UN PANTANO

Walter LaPlante

Traducido por Alberto Jiménez

Gareth Stevens
PUBLISHING

Please visit our website, www.garethstevens.com. For a free color catalog of all our high-quality books, call toll free 1-800-542-2595 or fax 1-877-542-2596.

Cataloging-in-Publication Data

Names: Lynch, Seth.
Title: Vivo cerca de un pantano / Seth Lynch, translated by Alberto Jiménez
Description: New York : Gareth Stevens, 2017. | Series: Biomas donde yo vivo | Includes index.
Identifiers: ISBN 9781482462357 (pbk.) | ISBN 9781482462364 (library bound) | ISBN 9781482461466 (6 pack)
Subjects: LCSH: Swamp ecology–Juvenile literature. | Wetland ecology–Juvenile literature. | Swamps–Juvenile literature. | Wetlands–Juvenile literature.
Classification: LCC QL114.5 L96 2017 | DDC 577.68–dc23

Published in 2017 by
Gareth Stevens Publishing
111 East 14th Street, Suite 349
New York, NY 10003

Translator: Alberto Jiménez
Editorial Director, Spanish: Nathalie Beullens-Maoui
Editor, English: Kristen Nelson
Designer: Andrea Davison-Bartolotta and Bethany Perl

Photo credits: Cover, p. 1 Jorg Hackemann/Shutterstock.com; pp. 2–24 (background texture) wongwean/Shutterstock.com; p. 5 Artush/Shutterstock.com; p. 7 Brocreative/Shutterstock.com; p. 9 (map) Robert Biedermann/Shutterstock.com; p. 9 (main image) George Allen Penton/ Shutterstock.com; p. 11 (main image) Steve Bower/Shutterstock.com; p. 11 (alligator) Tony Campbell/Shutterstock.com; p. 11 (Egret) PETER LAKOMY/Shutterstock.com; p. 13 Reinhard Dirscherl/ullstein bild via Getty Images/Getty Images; p. 15 (map) Globe Turner/ Shutterstock.com; p. 15 (main image) Tomas Konopasek/Shutterstock.com; p. 17 (American oystercatcher) Larsek/Shutterstock.com; p. 17 (Least Tern) editha/Shutterstock.com; p. 17 (Black Skimmer) Ray Hennessy/Shutterstock.com; p. 19 Paco Toscano/Shutterstock.com; p. 21 CyberKat/Shutterstock.com.

Printed in the United States of America

CPSIA compliance information: Batch #CW17GS: For further information contact Gareth Stevens, New York, New York at 1-800-542-2595.

CONTENIDO

Las palabras del glosario se muestran en **negrita** la primera vez que aparecen en el texto.

¡Es pantanoso!

¿Necesitas botas de goma para darte una vuelta por tu jardín? Si está **saturado** de agua y tiene muchos árboles y otras plantas, ¡tu jardín podría formar parte de un pantano o ciénaga! Los pantanos son uno de los **biomas** de la Tierra.

Hay pantanos en todas las grandes masas de tierra del planeta, excepto en la Antártida. Pueden encontrarse en todo tipo de **clima**. Básicamente, hay dos clases de pantanos: los de agua dulce y los de agua salada.

Pantanos de agua dulce

Los pantanos de agua dulce se forman **tierra adentro**, por lo general alrededor de lagos y ríos. Los pantanos de agua dulce recogen aún más agua en la estación lluviosa. El pantano Okefenokee, en Georgia, es una de las mayores ciénagas de agua dulce de Estados Unidos.

Georgia
pantano
Okefenokee

Caimanes, ranas, sapos, y muchos tipos de aves viven en los pantanos de agua dulce. En los pantanos de agua dulce, en la región sureste de Estados Unidos, crecen cipreses, cuyas raíces sirven de hábitat a peces y otros animales.

caimán
garza

Pantanos de agua salada

Las ciénagas, o pantanos, de agua salada se forman en las costas **tropicales** de los océanos. Empiezan como planicies de arena o fango batidas por las mareas; con el paso del tiempo arraigan en ellas plantas que se **adaptan** a las cantidades cambiantes de agua debido a las subidas y bajadas de las mareas.

Manglares

Los pantanos de agua salada son bien conocidos por el crecimiento en ellos del árbol llamado manglar, con raíces altas y delgadas; estas raíces mantienen la arena y el suelo del pantano en su sitio. El Parque Nacional de Sundarbans, en Bangladesh, es uno de los mayores bosques de manglares del mundo.

manglares en el bosque de Sundarbans

Los peces y otros pequeños animales oceánicos se aparean y desovan en los pantanos de agua salada; otras crías de animales entran en estos pantanos al poco tiempo de nacer en el mar. También los cangrejos y muchas aves hacen su casa aquí.

gaviotín enano
pico tijera
ostrero americano

El hogar de los insectos

Tanto los pantanos de agua dulce como los de agua salada albergan multitud de insectos. Estos ocupan uno de los primeros lugares de la **cadena alimentaria**. Los peces y otros animales pequeños se los comen; después, esos peces tal vez sean devorados por un ave.

libélula

¡Mantengamos limpio el pantano!

Sin un suministro suficiente de agua limpia, las plantas y los animales que viven en los pantanos pueden morir; derrochar agua también es perjudicial para este bioma. Debes mantener saludable el pantano de tu jardín evitando echar basura en él o utilizando su agua solo cuando sea verdaderamente necesario.

GLOSARIO

adaptarse: cambiar para soportar mejor las condiciones ambientales.

bioma: comunidad natural de plantas y animales, como un bosque o un desierto.

cadena alimentaria: modo en que los animales y las plantas pasan energía de unos a otros dentro de una comunidad.

clima: condiciones meteorológicas medias de un determinado lugar a lo largo de un cierto período de tiempo.

saturar: llenar de agua.

tierra adentro: para un área determinada, la zona más alejada de la costa.

tropical: relacionado con las zonas cálidas de la Tierra próximas al ecuador.

PARA MÁS INFORMACIÓN

LIBROS

Arnold, Quinn M. *Wetlands*. Mankato, MN: Creative Education, 2016.

Spilsbury, Louise. *What Are Habitats and Biomes?* New York, NY: Britannica Educational Publishing, 2014.

SITIOS DE INTERNET

What Is a Wetland?
nwf.org/Kids/Ranger-Rick/Animals/Mixture-of-Species/What-Is-A-Wetland.aspx
Aquí encontrarás las respuestas a muchas preguntas sobre zonas húmedas como las ciénagas.

World Biomes
kids.nceas.ucsb.edu/biomes/
Hay muchas clases de biomas: ¡aquí podrás aprender más sobre ellos!

Sitios de Internet: Nota del editor a los educadores y padres: nuestro personal especializado ha revisado cuidadosamente estos sitios web para asegurarse de que son apropiados para los estudiantes. Muchos sitios web cambian con frecuencia, por lo que no podemos garantizar que posteriores contenidos que se suban a esas páginas cumplan con nuestros estándares de calidad y valor educativo. Tengan presente que se debe supervisar cuidadosamente a los estudiantes siempre que tengan acceso al Internet.

ÍNDICE